Couverture inférieure manquante

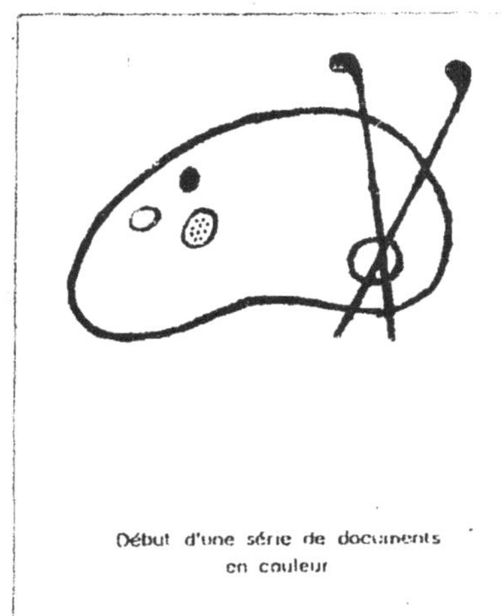

Début d'une série de documents
en couleur

DE L'IMPORTANCE

DES

LIVRES DE RAISON

AU POINT DE VUE ARCHÉOLOGIQUE

PAR

Louis GUIBERT

CAEN

HENRI DELESQUES, IMPRIMEUR-LIBRAIRE

RUE FROIDE, 2 ET 4

1892

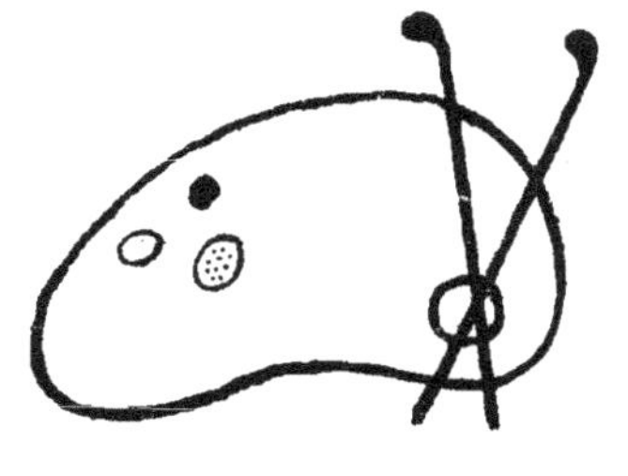

Fin d'une série de documents
en couleur

A Monsieur Léopold Delisle
Hommage respectueux

DE L'IMPORTANCE

DES

LIVRES DE RAISON

AU POINT DE VUE ARCHÉOLOGIQUE

PAR

Louis GUIBERT

CAEN

HENRI DELESQUES, IMPRIMEUR-LIBRAIRE

RUE FROIDE, 2 ET 4

—

1892

Extrait du Compte-rendu du LVIIe Congrès archéologique
de France

Tenu en 1890, à Brive

DE L'IMPORTANCE

DES

LIVRES DE RAISON

Au point de vue archéologique

Les *Livres de raison*, tenus jadis au foyer de presque toutes nos familles de moyenne et de petite noblesse, de magistrature, de riche bourgeoisie, —en usage chez les artisans des villes comme chez les propriétaires ruraux, avaient été, jusqu'à ces dernières années, complètement négligés par les érudits. Il y a cinquante ans, nul ne songeait à les disputer aux rats, aux vers et à l'humidité, à les tirer de la poussière des greniers où ils dormaient oubliés depuis la Révolution, — depuis plus longtemps, peut-être ; car, bien avant 1789, les liens de la famille s'étaient relâchés, et le respect des traditions avait perdu son empire. A peine quelques descendants respectueux avaient-ils pris les précautions indispensables pour soustraire les notes intimes de leurs ancêtres à toutes les causes de destruction qui les menaçaient. Un certain nombre de manuscrits domestiques furent ainsi sauvés ; mais on ne les feuilleta guère, et, dans ceux qu'on ouvrit, on chercha surtout des renseignements généalogiques. C'est là sans doute un des genres d'informations qu'on peut leur demander ; mais leur valeur à ce point de vue, si notable qu'elle soit, constitue un de leurs moindres mérites, et ils présentent, à beaucoup d'autres égards, un intérêt plus sérieux et d'un ordre incomparablement plus élevé.

Tout le reste, néanmoins, n'importait guère à cette époque, pourtant si peu éloignée de nous. La science sociale n'existait pas encore, et les grandes questions qu'elle devait agiter plus tard se devinaient à peine derrière les formules si discutées de l'économie politique. L'archéologie entrevoyait les larges perspectives de l'horizon qu'embrasse aujourd'hui son regard ; mais comme sa marche était chancelante et laborieux ses progrès ! Que d'incertitudes, que d'hésitations , de lenteurs, faute de points de départ fixes, de points de comparaison bien reconnus et bien déterminés, faute d'une méthode scientifique , d'une critique un peu sévère, de rigoureuses définitions !... Pour l'histoire, elle croyait avoir tout dit quand elle avait retracé avec plus ou moins de fidélité les grands chocs des peuples, la succession des monarques, les événements principaux de chaque règne, les bruyantes et monotones vicissitudes des batailles. Que pouvaient fournir à des récits d'aussi haute volée les modestes registres de ces marchands, de ces notaires, de ces gentils-hommes de campagne ? Un jour vint pourtant où l'histoire élargit le champ de ses investigations, aperçut le peuple tout entier au-dessous du prince et

entreprit de scruter la vie des diverses classes de la
nation dans tous ses détails. Quelques chercheurs s'a-
visèrent de l'intérêt qu'offriraient les témoignages des
livres de raison, bien moins suspects que les mémoires
ou les correspondances des gens de cour. On ouvrit
donc les vieux registres, que des mains filiales avaient
seules touchés pendant des siècles, et on les inter-
rogea avec une certaine curiosité, mais avec trop de
respect peut-être : il faut dire qu'ils étaient de mine
passablement rébarbative, et que tout, dans la plupart
de ces vénérables volumes, semblait fait pour décourager le lecteur : l'écriture, d'un déchiffrement parfois
malaisé, la multiplicité des abréviations et des signes
d'apparence cabalistique, le désordre des documents,
les intercalations fréquentes, la forme même des actes
et des notes, l'obscurité de maint passage, le défaut
absolu d'intérêt d'un grand nombre de mentions. Mais
quand le travailleur avait vaincu les premières difficultés et s'était familiarisé avec son manuscrit, quelles
larges compensations celui-ci lui réservait ! Que de
révélations charmantes ! Que de bonnes fortunes im-
prévues !

Un écrivain de talent et de cœur, M. Charles de
Ribbe, réussit enfin à appeler sur cette catégorie de
documents l'attention du grand public en même temps
qu'il faisait apprécier toute leur valeur, toute la va-
riété de leurs ressources aux érudits. Grâce à lui, tout
le monde, depuis une quinzaine d'années, a largement
puisé à cette nouvelle source d'informations. Le re-
tard même qu'on a mis à y recourir semble accroître
l'ardeur passionnée avec laquelle on recherche, on
signale, on dépouille, on scrute nos vieux manuscrits
domestiques.

Nul n'ignore aujourd'hui qu'un livre de raison est un registre où le père de famille consignait, avec la mention de tous les événements de quelque importance survenus dans sa maison ou intéressant les siens, le compte-rendu détaillé de sa gestion du patrimoine et les faits qui avaient pu influer sur cette gestion. Le livre de raison — *liber rationis, liber rationum* — est avant tout et surtout, comme son nom l'indique, un livre de comptes. Ce sont donc des comptes qu'on doit s'attendre à y trouver. Mais le budget d'une famille résume son histoire et sa vie tout entière. Le Play le savait bien, lui qui, en tête de chacune de ses précieuses monographies, a placé le budget détaillé du foyer. Aussi combien de renseignements variés, de mentions intéressantes le lecteur va rencontrer en feuilletant ces pages bourrées de chiffres et surchargées de notes ! Chaque génération, par la main de son chef, a écrit dans ces registres ses mémoires intimes, pour les laisser à la génération qui la suivait, à titre de document pratique, de leçon et aussi de justification ; car le père est responsable, devant les siens comme devant Dieu, de la famille dont le gouvernement lui a été confié, et plus absolu est son pouvoir, plus lourde est sa responsabilité... Le rédacteur du registre jette parfois un coup d'œil au-delà de l'horizon domestique et note les événements extérieurs qui le touchent de près ou qui l'impressionnent vivement. Il recueille pour lui-même et pour ses successeurs quantité d'indications utiles et s'empresse de les consigner à son livre. Tantôt c'est le secret d'une composition pharmaceutique d'une efficacité cent fois éprouvée, tantôt c'est l'énumération des mystérieuses propriétés de certaines plantes, de certaines liqueurs, les vertus ma-

giques de certaines combinaisons de chiffres, de lettres
ou de mots. Voici des prières d'un effet certain et des
invocations auxquelles les saints ne peuvent rester
sourds : tout cela entre deux relevés de comptes, entre
une reconnaissance de dette et un bail à cheptel. Le
père de famille copie sur son livre ses inventaires, les
contrats qu'il passe dans les circonstances les plus
diverses ; il mentionne l'argent qu'il dépense et l'argent qu'il reçoit, celui qu'il prête, les travaux qu'il
fait exécuter, ses acquisitions, ses procès, ses maladies,
et Dieu sait avec quels détails ! La note du médecin
prend place au registre à côté de celle du meunier, du
maçon, du boucher et du tailleur. Bref, il y a un peu
de tout, ou, pour parler plus exactement, beaucoup de
tout dans ces livres si dédaignés naguère. On y rencontre surtout ce qu'on ne pourrait espérer de trouver
nulle part ailleurs : des notes intimes, écrites pour les
enfants et non destinées au public.

Sauf quelques indications sommaires données sur
trois ou quatre manuscrits de famille, par M. l'abbé
A. Lecler, dans ses notes et ses additions au *Nobi-
liaire de la Généralité de Limoges*, de l'abbé Nadaud,
aucun livre de raison, limousin ou marchois, n'avait
encore été, à la date de 1877, l'objet d'une étude
sérieuse. M. Fernand de Malliard eut, vers cette époque,
la bonne fortune de rentrer en possession d'un registre domestique, embrassant une période de plus d'un
siècle et demi (1507-1662) et concernant sa propre
famille : suivant, le premier dans notre province, les
exemples et les conseils de M. de Ribbe, il publia, dans
le *Bulletin de la Société scientifique, archéologique
et historique de Brive*, de 1879 à 1882, ce précieux et
intéressant manuscrit, en le faisant accompagner de

savants commentaires et de notes excellentes, de nature à décourager les futurs éditeurs de registres domestiques dans notre pays. Tout en nous résignant à
la perspective de présenter au public un travail moins
satisfaisant à beaucoup d'égards, nous avons pensé
néanmoins que la publication de nouveaux documents
de ce genre, en aussi grand nombre que possible, serait une œuvre utile, et, sûr de trouver, nous avons
cherché, avec le concours de nos excellents et laborieux confrères, MM. Alfred Leroux, l'abbé Lecler,
J.-B. Champeval, de Cessac. Nous avons été nous-
même étonné du résultat de nos recherches. Qu'on
en juge : Il y a douze ans, nous ne connaissions, pour
tout l'ancien diocèse de Limoges, que le texte du seul
livre de raison des de Maillard. Actuellement, les
bulletins des diverses sociétés savantes de nos trois
départements n'ont pas publié, *in extenso* ou par
extraits, moins de quarante-deux de ces manuscrits, et
le chiffre total de ceux qu'il nous a été permis d'étudier
(y compris les registres publiés), ou dont l'existence
nous est attestée d'une façon précise et catégorique,
s'élève à cent quatre, fournis surtout, il faut le dire,
par les deux départements de la Corrèze et de la
Haute-Vienne. Il serait trop long d'en donner ici le
relevé ; du reste, il ne faut pas se hâter de publier ce
catalogue afin de ne pas s'exposer à y laisser de trop
importantes lacunes ; mais il vous paraîtra peut-être
intéressant de savoir dans quelles proportions les
diverses classes de la société, les diverses professions
sont représentées à cette grande collection de mémoires domestiques. Nous avons tenu à faire ce dépouil-
lement. Notre classification n'a rien d'absolument
rigoureux, puisque beaucoup de ces registres ont été

successivement tenus par plusieurs personnes, n'exer-
çant pas toujours la même profession. Toutefois, en
assignant chaque livre de raison à son principal au-
teur, celui qui lui donne le trait essentiel et distinctif
de sa physionomie, on peut dire que ce relevé ne
manque pas d'une certaine exactitude. Tel qu'il est, il
nous a semblé mériter votre attention. Le voici :

Prêtres	12
Gentilshommes.	5
Magistrats, juges de tout rang	15
Fonctionnaires de divers ordres. . . .	5
Notaires.	8
Avocats, hommes de loi ou d'affaires. . .	7
Chirurgien	1
Imprimeurs.	3
Négociants et riches bourgeois.	28
Petits marchands, aubergistes, proprié- taires de campagne.	16
Industriels et artisans.	3
Dame noble.	1
Total égal. . . .	104

Le plus ancien des livres de ce genre dont nous
possédions le texte est celui d'un juge de Saint-Junien,
Pierre Esperon, renfermant des mentions qui remon-
tent à 1384 ; mais nous avons la preuve, par un passage du manuscrit des Benoist, de Limoges, que, dès
le treizième siècle, de semblables registres existaient
au moins au foyer des familles considérables de notre
pays.

Les indications générales que nous venons de donner

sur les anciens registres domestiques, suffiraient à
établir leur importance pour les études archéologiques.
Nous voudrions, toutefois, insister d'une façon particulière sur ce point, et montrer combien d'indications
précieuses les personnes adonnées à ces travaux peuvent recueillir dans les livres de raison. Nous nous
bornerons à prendre quelques exemples dans nos manuscrits limousins, qui, à eux seuls, nous fournissent
très suffisamment de quoi appuyer et justifier notre
thèse.

L'histoire, qui examine et commente des faits, — la
sociologie, qui recherche et explique des rapports, —
la statistique, qui groupe des chiffres ; la science
économique, la médecine, l'agriculture, bien d'autres
sciences et bien d'autres arts trouvent une ample
moisson dans nos registres domestiques. Cette consta-
tation seule établirait leur importance documentale
au point de vue de l'archéologie. Celle-ci, en effet, n'a
pas seulement pour but d'étudier et de comparer les
objets anciens, le matériel de l'humanité à ses divers
âges : édifices et mobilier, vêtements et parures, armes
et outils ; elle est amenée, en s'occupant de l'usage
assigné à chaque objet, à considérer l'homme lui-
même, ses conditions d'existence, le milieu dans lequel
il vit : de là des incursions de tous les instants dans le
domaine de la sociologie et de l'histoire.

Or, aucun document ne nous donne, de l'existence
et de l'intérieur d'autrefois, une vue plus claire et plus
complète que les livres de raison. Après la lecture de
certains d'entre eux, nous connaissons la maison aussi
bien que le propriétaire lui-même ; nous savons quels
meubles garnissent ses appartements, d'où viennent la
plupart et ce qu'ils coûtent ; combien de barriques de
vin sont entassées dans son cellier et ce qu'elles valent ;

combien de setiers de grain loge son grenier dans les
années d'abondance et dans celles de disette. Feuilletez
le livre des Malliard, de Brive, par exemple : quels
renseignements précis sur toutes choses et comme ces
mille détails caractéristiques vous mettent pour ainsi
dire chaque objet sous les yeux. Quoi de plus instruc-
tif que l'inventaire des vêtements, fourrures et bijoux,
d'Isabelle de Solminhac, femme de Malliard ? Prenez les
divers manuscrits des Péconnet , de Limoges : leur
intérieur, sans luxe, mais confortable et cossu, ne
revit-il pas devant vous? Voici le « coffre de bahut »,
acheté à Paris ; les trois lits avec leur garniture en
tapisserie de Bergame ; les dix-huit chaises recouvertes
de la même étoffe, et dont le bois — celui d'une dou-
zaine tout ou moins — a été acheté vers le même
temps, c'est-à-dire en 1661. Des huit pièces de Bergame
qui, avec un grand tapis, sont revenues, y compris
le port et la douane, à 91 livres 10 sous, il en a été
réservé une — le père de famille a soin de l'indiquer
lui-même — pour décorer la façade de sa demeure les
jours de processions solennelles... Parcourez le cahier
domestique du lieutenant - général Martial de Gay
(1591-1602), vous y noterez à chaque page des mentions d'un réel intérêt. Ce ne sera pas seulement son
mobilier que vous connaîtrez au bout de quelques
heures de lecture : ce seront ses vêtements et ceux de
sa femme, les bijoux et les parures de celle-ci, les
armes du magistrat : vous le verrez s'adresser à un
maître de forges pour avoir de bonnes plaques de fer
et les donner à un habile ouvrier de Limoges qui lui
en fabriquera une armure complète, plus une cuirasse
pour un de ses valets. On est au temps de la Ligue et
trop souvent la main se porte à l'épée.

Tout le monde sait quel prix l'archéologie attache
à juste titre aux inventaires : il n'est presque point de
livre de raison qui n'en contienne plusieurs, tantôt
amples et minutieux, comme ceux du registre des
Malliard, tantôt plus modestes et plus sommaires,
comme ceux du livre de Pierre Esperon. Il y a, dans
les notes relatives aux arrangements de famille, des
détails extrêmement précieux sur certains bijoux, certains objets rares. Les contrats de mariage, qu'on
trouve à chaque pas, fournissent le plus souvent des
indications sur le trousseau de la femme, l'étoffe qui
fournit ses vêtements, ceux de fête tout au moins, leur
couleur, leur valeur, etc.

Auprès des inventaires, il faut noter les mentions
relatives aux prêts. On a toujours beaucoup emprunté;
mais la forme des emprunts n'a pas moins varié que
celle des chapeaux. Autrefois, on prêtait le plus souvent sur gage. Fait bizarre : le prêt sur gage mobilier
nous répugne aujourd'hui alors que l'obligation hypo-
thécaire n'a rien qui choque notre délicatesse. Nos
pères connaissaient l'hypothèque, l'obligation, la reconnaissance, et cependant ils usaient fort de l'enga-
gement. Le cabinet de certains riches bourgeois
d'autrefois était un véritable mont-de-piété en minia-
ture. Un père de famille se trouvait-il à court d'argent,
il allait tout bonnement chez son voisin, lui remettait
un ou plusieurs des objets de prix qui ornaient sa
maison, des bijoux qu'il cachait au fond de ses coffres,
et il recevait en échange les espèces monnayées dont il
avait besoin. Quand ses propres débiteurs le rembour-
saient, que ses métayers lui remettaient le montant de
la vente d'un bœuf ou d'un lot de moutons, il s'acquit-
tait, reprenait son gage et tout le monde trouvait la

chose la plus naturelle et la plus légitime du monde, puisque tout le monde usait couramment de ce mode de crédit.

Félicitons-nous de la persistance de cet usage : grâce à lui, nombre de livres de raison conservent l'indication, parfois même une description sommaire de beaucoup d'objets intéressants. On connaissait ce que renfermèrent les trésors des églises, les garde-meubles et les coffres des argentiers des princes ; mais qui aurait jamais, sans le secours de nos manuscrits, plongé le regard dans les boîtes et les tiroirs les plus intimes de nos ancêtres, et connu l'opulence de leurs trésors domestiques? Le mot d'opulence n'est pourtant pas trop fort. Jugez-en par quelques articles pris au hasard dans les cahiers des Péconnet (XVᵉ au XVIIᵉ siècle). Nous y voyons figurer un « estuy de miroir esmaillé » ; des « crochets d'or et de perles » ; une « cordelière d'or esmaillé » ; un « reliquaire d'or » ; plusieurs « demi-ceints » d'argent ; un « pendant d'or et vitres » ; des « aiguières et salières d'argent » ; des « enseignes d'or esmaillé » ; « des chandeliers, des flambeaux et un coquemard d'argent, etc. ».

La vaisselle d'argent fait son apparition non seulement dans les relevés de cette nature, mais aussi dans les notes concernant les partages de famille, aux registres des Texendier de l'Aumosnerie, notamment (1636-1703). On trouve des cuillers et des gobelets d'argent « façon de Limoges » chez les Péconnet, qui appartenaient à une famille d'orfévres ; mais ces derniers se servaient surtout, comme la plupart des riches bourgeois de leur temps, de vaisselle d'étain fin. L'un d'eux, Jean Péconnet (1644-1678), donne complaisamment le détail d'un service de ce genre

qu'il a acheté à Paris, lors d'un de ses voyages. Toutes
les pièces sont à ses armes et portent en outre ses
initiales. Qu'on juge si cette vaisselle est soigneuse-
ment conservée et si on prend des précautions pour la
garantir contre la négligence ou la brutalité des domestiques. Le maître de maison inventorie du reste tout
ce qui est laissé à la disposition de ces derniers. C'est
ainsi que le sieur Beynes, de Meymac (milieu du XVIIe
siècle), note le nombre exact d'assiettes, plats, écuelles
remis par lui à sa servante pour les besoins journaliers
du ménage et dont elle lui devra compte au bout de
l'année.

Que dirons-nous du chapitre des achats et des ca-
deaux? Sous ce rapport, le *Journal* d'Élie de Roffignac (1588-89) est sans contredit un des manuscrits
les plus intéressants qui nous soient passés par les
mains. La note des dépenses quotidiennes du gentil-
homme nous apprend ce qu'il mange, comment il
s'habille, comment il s'éclaire. Nous le voyons faire
demander au boucher tantôt une « longe de velle »,
tantôt un « gigot de porc » ou « la moitié d'un mou-
ton ». Parfois il envoie un de ses domestiques à Brive
ou à Tulle pour acheter une demi-douzaine d'oranges,
des amandes, du riz, du sucre, des épices, du gibier :
bécasses, lièvres et perdrix, pour les jours de gala;
des œufs, de la morue ou des harengs pour les jours
d'*abstinence*. De temps en temps le Journal enregistre
l'achat d'un paquet de chandelles, de 8, 10 ou 12
livres en général; ailleurs on note des gants, des
chaussures, des rubans, cinq sous d'aiguilles, six
milliers d'épingles, des matières pour faire de l'encre,
une écritoire, un étui de lunettes, des colliers de
lévriers, des drogues, des étriers, de la toile, de la

passementerie. L'excellent seigneur va rendre visite à l'évêque de Limoges, Henri de la Marthonie, et il profite de ce voyage pour faire des acquisitions aussi nombreuses que variées : une paire de jarretières de soie, deux douzaines d'aiguillettes, deux coiffes de toile, une épée et un *haquet*, avec leur fourreau, « un baston garny d'espée », trois paires de mors, trois livres d'amandes, une de poires, une demi-livre de coton, de la poudre, un chapeau et les approvisionnements pharmaceutiques de rigueur. Chaque objet est indiqué avec le prix en regard.

Martial de Gay, quand il revient de Paris, rapporte, lui aussi, maint objet utile, mais surtout des parures et des bijoux pour sa jeune et charmante femme, Barbe Chenaud. C'est tantôt un « manchon de velours » avec sa broderie d'or ; tantôt des « boutons d'or » pour orner un agnus ; tantôt une « bourse brodée » ou un « porte-fraise » ; tout cela sans préjudice des aiguières et bassins d'argent, coffres de bahut, toile ouvrée à faire nappes, et autres objets destinés au ménage.

En nous initiant à tous les travaux de construction ou de réparation qu'ils font exécuter, les auteurs des livres de raison nous fournissent de précieux détails sur ces bâtiments eux-mêmes, leur aménagement, leur disposition, leurs commodités et leurs inconvénients. Gérald et Jean Massiot, de Saint-Léonard (1431-1490), nous montrent les aqueducs et les égouts municipaux se dirigeant à travers les caves et les souterrains qui s'étendent sous les maisons, et le domaine privé et le domaine public s'enchevêtrant en d'inextricables dédales. A la même époque, Étienne Benoist (1426-1451 ?) nous entretient des difficultés que présente le nettoyage de certains cloaques et des précautions à prendre pour procéder à cette délicate opération. Vielbans, consul de Brive (1571-1598) fait connaître par quelques passages de son registre combien l'hôtel de ville est alors en mauvais état. Nous trouvons enfin dans le manuscrit de Martial de Gay de nombreux détails sur sa belle maison du Portail-Imbert, dont il afferma longtemps une partie au moins aux officiers de la Généralité. En 1597, par exemple, nous le voyons refaire les vitraux de la « salle neuve », qui sont décorés alors de quatre écussons représentant : le premier, l'écu de France; le second, l'écu de Navarre; le troisième, les propres armoiries du maître du logis, et le quatrième, celles de sa femme. Dans un voyage à Paris, le lieutenant-général avait acheté deux tableaux : le portrait de la reine Marguerite et celui de la reine Louise; il les avait placés dans des cadres or et noir, avec des rideaux de taffetas pour préserver les peintures, suivant une coutume fort répandue à cette époque et qu'observent religieusement de nos jours certains musées et certaines églises de Belgique et d'ailleurs, non point, imaginons-nous, dans le seul but de ménager les couleurs des chefs-d'œuvre dont ils ont la garde.

Ce ne sont pas là, du reste, les seuls tableaux que Martial eût dans sa maison; il possédait aussi le portrait de sa femme et le sien, exécutés, vraisemblablement, à Limoges, par un Italien du nom de Georges.

Il faut le reconnaître : nos manuscrits limousins fournissent peu de renseignements pour l'histoire de l'art. Nos pères, quand ils savaient dessiner, utilisaient tout feuillet blanc qui leur tombait sous la main. Un vieux traité de perspective (*De artificiali perspectiva*, Toul, 1521), relié avec les *Regole generale de architettura*, de Serlio, et conservé à la Bibliothèque commuuale de Limoges, montre sur ses marges et ses pages blânches de curieux dessins à la plume et à la sanguine, exécutés en 1609 et 1610, par Jean Guibert, « maistre escripvain et painctre ». Les livres de raison, comme les ouvrages de bibliothèque, sont parfois illustrés de la sorte. Tel est celui que nous attribuons à Jacques Geoffre, de Brive (1698-1774) : plusieurs de ses pages sont couvertes de dessins à la sanguine, retouchés à l'encre, et non sans intérêt. On y voit des esquisses de la tête du Christ, de la Vierge, de saint Jean, des saintes femmes ; des études assez curieuses pour les figures et le geste des bourreaux de la flagellation ; des portraits, etc. Antoine Reissent, curé de Goulles, a collé sur son registre (1668-1674) un certain nombre de gravures dont la plupart sont tracées d'une pointe naïve à l'excès et passablement barbare.—Par malheur, nous ne connaissons de livre de raison d'aucun de nos artistes du XVIe siècle, d'aucun de nos grands émailleurs ; mais de ce que nous n'en avons pas découvert encore, il ne s'ensuit pas qu'on doive renoncer à en trouver. Ne possède-t-on pas le précieux *Tagebuch* d'Albert Dürer ? Pourquoi désespérer de mettre la main sur le registre domestique d'un Léonard Limosin, d'un Pierre Raymond ou d'un autre de ces artisans illustres qui se sont si largement inspirés de l'œuvre du maître allemand ? Ce serait là, pour l'histoire de l'art français *comme* pour l'histoire de notre province, une trouvaille sans prix.

Les livres de raison ne fournissent pas seulement des détails sur les habitations privées, sur leur ameublement et les œuvres d'art qui les décorent. Nous avons déjà signalé, dans le manuscrit de Veilbans, quelques indications sur l'état de la maison commune de Brive ;

il en offre également sur celui des fortifications de la
ville : murs, portes et fossés, à la fin du XVI° siècle,
Martial Robert (1677-1702) parle des bâtiments de
l'hôpital d'Aixe ; Gondinet (1613-1630) de la réparation d'une chapelle à Saint-Yrieix ; le livre des Baluze,
de Tulle, renferme divers renseignements sur les
églises de Saint-Pierre et de Saint-Julien. Étienne
Benoist décrit, dans la première moitié du XV° siècle,
la chapelle que sa famille possède dans l'église Saint-
Pierre-du-Queyroix, à Limoges ; il mentionne la voûte,
les vitraux, la clôture, l'armoire où sont déposés les
vases sacrés, la garniture de l'autel, les courtines et
les bancs. En signalant la chute de la foudre, les auteurs de nos registres rappellent les dommages qu'elle
cause aux édifices, aux églises notamment. C'est ainsi
que nous apprenons, par Esperon, les dégâts causés,
le 3 octobre 1405, par le tonnerre, au clocher de la
belle église de Saint-Junien.

Ce qui abonde, dans les manuscrits dont nous pour-
suivons l'étude, ce sont les dates, les dates précises de
tout ce qui se passe non seulement au foyer, mais dans
la paroisse, dans la ville : il ne se fait pas une proces-
sion, il ne se fond pas une cloche, il ne se plante pas
une croix, il ne se commence aucun édifice, il ne se
fonde pas une communauté religieuse sans que le père
de famille note le fait à son *papier* domestique, où
archéologues et historiens sont bien heureux de le
relever aujourd'hui. Que ne possédons-nous les livres
de raison tenus par les contemporains de la construction de nos plus belles églises ! Combien de choses
nous y apprendrions que nous ne saurons jamais !

Grâce aux mentions de ces manuscrits, nous suivons
partout le père de famille et les diverses personnes de

la maison. Ils nous conduisent aux baptêmes, aux
mariages, aux enterrements. Nous allons avec eux en
pèlerinage. Avec eux nous voyageons. Étienne Benoist,
Martial de Gay, Élie de Roffignac, Pierre Ruben, les
Péconnet, James et Pierre Treilhard et bien d'autres
nous font parcourir le pays et les provinces voisines.
Nous allons avec plusieurs d'entr'eux jusqu'à Poitiers,
à Bordeaux et à Paris. Le consul Vielbans est sans
cesse en route pour défendre les intérêts de la ville ou
de son présidial : son registre nous transporte tantôt à
Paris, tantôt à la cour du roi de Navarre, à Nérac, à
Sainte-Foy ou à Montauban. Pierre de Sainte-Feyre
(1497-1533) nous mène plus loin encore : jusqu'en
Italie, où il se rend à la suite du duc de Nemours. Nous
laissons à penser combien de notes précieuses nous
valent toutes ces pérégrinations !

Pierre Donmailh , notaire à Gros-Chastang (1597-
1632), Pierre Ruben, bourgeois d'Eymoutiers, avocat
du Roi en l'Élection de Bourganeuf (1645-1661), Jean
Péconnet (1644-1678), Joseph Péconnet (1679-1700),
nous initient à la vie et au régime des écoliers d'autrefois. Nous les voyons envoyer leurs enfants dans les
villes qui possèdent un collège et les y placer dans
d'honnêtes familles, où, pour une modique somme, et
avec un supplément de provisions expédiées, en même
temps que le linge et les vêtements, par la mère, le
vivre et le couvert leur sont assurés. Dès le commen-
cement du XVe siècle, le juge Esperon nous a appris
qu'il recevait en pension des enfants envoyés par leurs
parents à Saint-Junien pour y fréquenter les écoles.

Nos livres de raison limousins ne nous fournissent
que des renseignements bien clairsemés sur l'atelier
domestique, l'apprentissage, la vie professionnelle des

artisans et l'industrie elle-même. On y rencontre pourtant sur ce point quelques notes d'un réel intérêt : celles par exemple que donne sur ses voyages et ses travaux Antoine Collas, tapissier de Felletin, dans son carnet (1758 à 1781) et les renseignements que contient le registre des Massiot, sur l'établissement, à Saint-Léonard, de poëliers normands, dès 1480. — Par contre, les manuscrits dont nous nous occupons ici sont riches en informations de toute espèce sur le travail agricole, les modes de culture, les produits du sol, leur valeur, les conventions entre le maître d'une part, et le domestique, le fermier ou le colon partiaire de l'autre. A cet égard, les indications sont aussi précises que nombreuses et variées. Avec Isaac et Alexis Chorllon, de Guéret (1628-1709), nous assistons à la transformation complète d'une propriété. Les registres des Roquet, de Beaulieu (1478-1525) et des Massiot, de Saint-Léonard, nous montrent le métayage, qui reste encore de nos jours le mode de culture le plus répandu de beaucoup en Limousin, établi au XV⁰ siècle dans la contrée, avec ses usages actuels ; nous pouvons nous rendre compte d'une façon plus précise encore des conditions et des effets du contrat entre le propriétaire et le colon partiaire, en étudiant les divers livres des Péconnet. Celui de Pierre Ruben, d'Eymoutiers, nous fait assister à la sortie d'un métayer à la fin de sa baillette et aux opérations des arbitres chargés d'évaluer, à ce moment, le cheptel du domaine.

On trouve, dans tous les manuscrits domestiques, une quantité considérable de passages énonçant non seulement le prix des grains, des bestiaux et des autres produits agricoles, mais celui des marchandises les plus usuelles, d'un grand nombre d'ustensiles de mé-

nage, d'outils, des objets d'habillement, des matériaux
de construction, enfin le salaire de la main-d'œuvre
dans les circonstances les plus diverses et pour ainsi dire
à toutes les dates successives de la période de quatre
siècles au cours de laquelle il nous est permis de nous
aider de ces documents. A la suite de constatations
d'un certain intérêt, résultant de notes puisées dans
nos livres de raison, M. Victor Duruy appelait, il y a
trois ans, au Congrès de la Sorbonne, l'attention toute
particulière des travailleurs sur l'importance considérable de ces registres pour l'étude d'une question des
plus complexes, des plus controversées et des plus obs-
cures : celle de la valeur réelle de l'argent aux diverses
époques. Il est certain que les témoignages si répétés,
si rapprochés, si variés dans leur objet, de nos manuscrits, offrent les données les plus sérieuses pour la
solution de ce problème, d'un égal intérêt pour l'ar-
chéologue, l'historien et l'économiste.

Nous arrêterons ici une démonstration qui, peut-
être, n'avait pas besoin d'être faite. Il nous a paru
cependant qu'elle n'était pas absolument inopportune.
Nous croyons avoir établi, par ce qui précède, l'importance des registres domestiques pour l'étude de
l'archéologie et des matières qui s'y rattachent de la
façon la plus directe et la plus étroite. Souhaitons, en
finissant, que de nouvelles découvertes viennent aug-
menter dans un bref délai la collection, déjà si riche et
si précieuse, de nos livres de raison français, et en
particulier de nos registres limousins.

Caen. — Imp. Henri DELESQUES, rue Froide, 2 et 4.